그리고, 라는 저녁 무렵

사윤수 시집

시인동네 시인선 113   사윤수 시집

그리고, 라는 저녁 무렵

시인동네

시인의 말

좋아하는 시가 뭐냐는 질문을 가끔 받는다.

    오다 말다 가랑비
    가을 들판에
    아기 염소 젖는
    들길 시오리
    개다 말다 가을비
    두메 외딴 집
    여물 쑨 굴뚝에
    연기 한 오리
            ―작자미상

오래전부터 나는 이 시를 부적처럼, 경전처럼 여겨왔다.
이 시에는 내가 생각하는 시의 가치가 다 담겨 있다.

2019년 10월
사윤수

차례

시인의 말

제1부

비꽃 · 13

목련 · 14

저녁이라는 옷 한 벌 · 16

전문가 · 18

폭설 · 19

겨자씨가 웃다 · 20

저녁은 단벌신사 · 22

방어(魴魚) · 24

고백 · 26

새들이 남긴 적막이나 받아쓰고 · 27

역류 · 28

역류 2 · 30

빨간 기차가 잠들어 있다 · 32

다시 세월이 가면 · 33

슬픔의 높이 · 34

물봉선 · 36

목선(木船) · 38

제2부

북풍 · 41

미추왕릉 · 42

칼 · 44

샴푸 어강도리 · 46

철새도 먹은 적 없지만 · 48

그 겨울 저녁 무렵 허공에 까마귀 떼가 서부렁섭적 세발랑룽 흑랑룽 날아들어 · 50

돌 · 53

오동나무는 한 그루 바다 · 54

꽃마리 · 56

청보리밭 · 58

갯강활 · 60

축서사(鷲棲寺) · 62

수평선이라는 직업 · 64

돌강 · 66

경고문 · 68

제3부

인간의 자리 · 71

겸재 정선 고흐를 만나다 · 72

속이 배꽃 같은 육단서랍장 · 74

벌레 · 76

푸른 그늘을 깁다 · 77

북부정류장 · 78

겨울 미로 · 82

절절 · 84

구정(九鼎) · 86

화엄장 · 88

세탁기 · 90

나락[秖] · 91

쌀알은 왜 호박보다 작은가 · 92

남쪽의 밀롱가 · 94

봄날은 간다 · 96

유채꽃 · 98

발문 서부렁섭적 세발랑룽 흑랑룽하는 문장들 · 99
     송재학(시인)

제1부

비꽃

폭우는 허공에서 땅 쪽으로 격렬히 꽃피우는 방식이다. 나는 비의 뿌리와 이파리를 본 적이 없다. 일체가 투명한 줄기들, 야위어 야위어 쏟아진다. 빗줄기는 현악기를 닮았으나 타악기 기질을 가진 수생식물이다. 꽃을 피우기 위해 비에겐 나비가 아니라 허공을 버리는 순간이 필요한 것. 하얀 꽃무릇 군락지가 있다고 치자. 그게 통째로 뒤집어져 세차게 나부끼는 장르가 폭우다. 두두두두두두 타닥타닥타닥 끊임없이 현이 끊어지는 소리, 불꽃이 메마른 가지를 거세게 태우는 소리가 거기서 들린다. 낙하의 끝에서 단 한순간 피고 지는 비꽃, 낮게 낮게 낱낱이 소멸하는 비의 꽃잎들.

   그 꽃 한 아름 꺾어 화병에 꽂으려는 습관을
나는 아직 버리지 못했다.

목련

너는 사월의 폭설
송이송이 주먹만 한 함박눈이 허공에 가득 떠 있는 벽화야

백 년을 한순간이라 생각하고 눈 감았다 떠봐
그럼 하얀 새떼가 점묘법으로 내려앉아 있는 것도 보여

목련은 나무에 피는 연꽃
꽃이 만발했다는 건 거기 나무 위에
목련존자 한 채가 가부좌 틀고 있는 거라네
언젠가 내가 비틀거리며 나무를 세차게 흔들어
그를 떨어지게 한 적이 있다는데
나는 기억이 없네

멀리서 보면 목련꽃 핀 나무는
그게 아주 크고 둥근 꽃 한 송이야
지난밤 누가 그 꽃의 목을 단숨에 베어 버리자
하얀 새떼가 화르르르 날아올랐어
깃을 치며 어둠 속 높이 사라져갔어

이 모든 것이 꽃 너머의 꽃 얘기
당신과 나의 짧고도 긴 해후였으니

어디쯤에서
목련존자는 투덜거리며 일어나 흙을 털고 있겠지
폭설의 꽃잎도 고요히 지고 있겠지

저녁이라는 옷 한 벌

누구에게나 옷 한 벌이 있다
모양과 색깔이 없는 옷
눈에 보이지 않고 벗을 수 없는 옷
잘 때도 입고 자는 저녁이라는 옷
이것은 인류의 오랜 풍습인데
어느 날 누군가가 갑자기 영원히 잠들더라도
저녁이라는 옷 한 벌은 이미 늘 입고 있어서
금세 어두워지기 쉽다

밤이란,
옷이 필요 없는 곳으로 떠나는 사람들이
생(生)의 문지방에 저마다 벗어놓고 간
저녁이라는 옷들이 쌓인 현상이다
그때 슬픔이 옷더미 벽에 자꾸 머리를 찧으며 부딪쳐
이쪽이 한동안 캄캄해지는 일이다

남는 사람과 떠나는 사람 사이에 옷이 있다
옷을 건너간 사람은 다시 옷을 건너올 수 없고

옷을 붙들며 남겨진 사람은 옷을 건너갈 수 없다
불이 서둘러 옷을 태워버리기 때문이다
서로 헤어지거나 멀어질 때
손이나 발보다 옷자락을 붙잡고 우는 풍습도
그래서 생긴 것

시간의 뜨개실로 짠 옷을 입고 있는
한 사람 한 사람이 하나하나의 작은 저녁이다
이겨도 져야 하는 노을처럼
어두워지면 저녁이라는 접두사가 붙지 않는 것이 없다

전문가

그는 사학을 전공했으나 지금은 가난 분야에서 일한다. 3D 업종은 아니지만 남들이 외면하는 가난, 땅에서 솟고 하늘에서 떨어지는 가난을 그는 하나도 버리지 않고 차곡차곡 모았다. 튼실하고 고장도 나지 않아서 내다 버릴 수조차 없는 가난을 그는 세제 듬뿍 풀어 넣어 옥양목처럼 삶아 빨아 널고, 어떤 것은 기와 가루로 놋그릇 닦듯 반질반질 닦는다. 또 어떤 가난은 수시로 꺼내 기름까지 치니, 가난을 이토록 애지중지하는 사람도 흔치 않을 성싶다. 그는 가난에 대한 예의를 갖추고 늘 품위를 지킨다. 그만한 모범이 없다.

그렇게 가난을 씻고 닦고 성주 조왕 터주 삼신 모시듯 섬기며, 그는 그 신이 불러주는 시를 받아쓴다. 그가 쓴 시를 읽다 보면 사람을 웃다가 울다가 하게 만들어서 그는 과연 가난 발굴의 대가라는 생각까지 들게 한다. 그의 전공이 가난 미학으로 바뀌고 이제 이 분야의 전문가가 되었으니, 가야 금관만큼 귀하고 정혜사지 십삼층석탑처럼 고고한 그의 가난은 머지않아 국보가 될 것임을, 나는 예감한다.

폭설

높은 궁지에서 분분히 하강하는 피난,
눈이 내린다
오랜 나날 동안 그 앞을 지나다녔으나
한 번도 본 적 없는 골목의 입구
시든 꽃나무 흙덩이를 껴안은 채 깨진 화분들과
창백하게 뒹구는 연탄재 위에도 눈이 쌓인다
여기는 어디선가 본 멸망의 나라,
사람들 모두 눈보라 속으로 사라져가고
건너편 횟집 수족관의 물고기들
화석처럼 뻐끔뻐끔 이곳을 바라본다
두껍게 얼어붙은 시간의 계곡이
전 생애의 날개를 저어 떠나버린 것들의 뒷모습을 닮았다
어지러운 침묵이 지상의 발목까지 내려 쌓이는 동안
그 골목으로 아무도 출입하지 않았다
폭설이 서서히 골목의 입구를 닫고 있었다

겨자씨가 웃다

10^8이 억이다 여기까지 가져본 적 있다
10^{12}을 조라 하고 10^{16}을 경이라 하는데
여기까지 들어본 적 있다
10^{20}을 해라 한다 해는 처음 듣는 말
하늘의 해도 아니고 땅의 돼지도 아니고
이제부터 어떻게 가는지 몰라
삐뚤빼뚤 눈감고 길을 잃는다
어디쯤에서 어긋났는지 누가 먼저 손을 놓았는지
눈 뜨고 헤맨다
돌아갈 수 없고 돌이킬 수 없는
10^{48} 극에 달해 10^{52} 항하사
그 아득한 모래벌판에 빈 몸을 누인다

안다는 건 무얼 안다는 걸까
10^{64} 불가사의 위로
불가사리 한 마리 지나가는 뜻을 안다는 말일까
10^{68} 무량대수가 묵묵부답 먼 산이다
겁(劫)이 고개를 갸우뚱한다

천지가 한번 개벽한 뒤부터 다음 개벽할 때까지의 시간,
사방 사십 리 크기 성에 겨자씨를 가득 채운 뒤
백 년마다 한 알씩 꺼내 마지막까지 다 꺼내도
아직 일 겁이 지나지 않는다는데
나는 넘어질 때마다 겁을 먹고 식겁(十劫)했다 한다

어기야 우는구나 내가
내 발등을 내가 찧어요
도끼는 두고 나를 버렸으나
단추 주워 양복 맞추니
식겁하고도 또 사랑해요
겨자씨가 웃는다 웃어요

그런데, 그런데 곧 죽어도 질문 하나
그 겨자씨 말예요
겨자씨는 누가 마지막까지 꺼내요?

저녁은 단벌신사

내가 고등학교 다닐 때 교장선생님은 낡은 양복 한 벌만 입고 다니셨지 우리가 단벌신사라고 놀리면 교장선생님은, 때 묻은 것이 권위 있다며 찡긋찡긋 웃곤 하셨네

진부하면서도 유서 깊은
이 저녁의 권위는 어디에서 왔을까
오래되기로는 저녁만 한 것이 없고
때 묻은 것이야 둘째가라면 서러울 저녁이 많았으니
저녁도 단벌신사,
저녁이 단벌신사라면 그 구두도 나달나달 닳고 구멍 났겠지

유구한 저녁의 힘은 그렇게
눌어붙은 다리미 자국과
기울고 구멍 난 저녁의 구두 뒤축에서 오는지도 모를 일,
밤수지맨드라미 빛 노을 위로
새들도 단벌로 날아가고
먼 길 걸어온 사람들은
팥 앙금처럼 쌓이는 어둠 속에 두 발의 뿌리를 내린다

씻고 벗고라는 말,
하나뿐인, 한 벌뿐이라는 뜻
씻고 벗고라는 간결함이
얼갈이 열무김치 맛처럼 좋아라

열 벌 스무 벌보다 단벌이 권위 있어
도둑도 단벌은 훔쳐가지 않네
오래되고 때 묻어서 더 빛나는 단추들
그 별자리 이름을 불멸의 저녁이라 하자

방어(魴魚)

머리에 뼈만 달린 주검이다
피 한 방울 흘린 자국 없이 살점은
이미 한 점 한 점 잘 도려내졌으니
자신의 죽음을 방어하지 못한 방어,
형식은 죽었으나 내용은 죽지 않았다는 듯
머리를 꼿꼿이 세운 채 가끔 입을 뻐끔거린다
밀물로 밀려왔다가 썰물로 쓸려가는 쇠산한 숨
입속의 검은 어둠이 열렸다 닫혔다 한다

기억은 주검 안에 아직 살아서
모슬포 푸른 바다를 건너는가
저 살점들을 다시 뼈에 봉합하면
방어는 살아서 수평선 끝까지 헤엄쳐 갈 수 있을까
무슨 생각이 났는지
죽은 줄도 모르고 너는 또
파르르르 지느러미를 떤다

물고기 한 마리만 떠나도 바다는 허전한 법,

파도치는 무채와 오색 데커레이션 위에
가지런히 누운 방어회
한 틀 꽃상여 같다
곡두는 없으나 먹기조차 아까운 순교다

고백

굴삭기가 비탈에 박힌 돌을 내리찧을 때
찧고 또 찧으며 흐느낄 때

진화를 거부한 사랑의 방식이 저러할까

아무도 개입할 수 없는 단도직입
알아들을 수 없는 고백이 메아리친다

천둥의 말이거나 번개의 노래거나

고백은, 돌의 심장을 뚫고 들어가
사랑의 손목을 잡고 걸어 나오는 일이기도 하겠지

새들이 남긴 적막이나 받아쓰고

저편 폭죽 터지는 소리에
다리 밑 난간에서 잠자던 새들이
화들짝 날아오른다
다급히 고요에서 빠져나오는 새들
이리저리 날갯짓이 뒤엉킨다
구겨진 종이 뭉치가
허공에서 찢어지는 거 같다
몸이 이불이며 집일 테니
이고 지고 할 것도 없는,
그저 떠나면 그뿐인 삶의 편린(片鱗)들
새들은 뒤끝 없이
금세 어둠 속으로 떠나간다
나는 새들이 남긴 적막이나 받아쓰고

역류

 입천장이 헐었다. 무얼 먹을 수 없는 정도여서 약을 바르고 하루를 굶었다. 그런데 배가 고파 도저히 안 되겠다. 라면이 먹고 싶었다. 뜨겁고 매운 라면을 헐은 입천장이 싫어할 텐데, 할 수 없다. 먹자. 이럴 때 먹고 죽을 값이라도 먹고 보자, 는 말을 쓰지. 너구리 아닌 너구리를 삶았다. 아픈 것보다 맛이 앞서니 쓰린 것쯤 견디며 먹을 만하다. 맛있다. 그러다가 견디다와 맛있다 사이, 그 방심의 순식간에 그만 컥! 사레가 들렸다. 마셨던 국물이 역류하며 목구멍 콧구멍으로 뿜어져 나온다. 콧물과 눈물과 라면 건더기의 동시다발 속사포다. 연기에 질식한 너구리 꼴이 이럴까. 숨 쉴 틈이 없다는 건 이걸 두고 하는 말. 계속 숨 못 쉬면 죽겠지? 이게 먹고 죽는 값이겠지? 어미 펭귄이 새끼에게 먹이를 토해 줄 때 그 어미의 목구멍도 이렇게 아플까. 어쨌든 넘어갈 땐 아군처럼 좋던 라면 국물이 되돌아 나올 때는 적(敵) 같구나. 내 연애도 절정일 때는 무엇을 입에 넣어도 맛있다가 실연에 혼자 돌아올 때는 맵고 쓰라렸지. 그때도 눈물 콧물 났지. 사레들리는 것과 실연은 다른데 쏟아지는 건 같군. 그러니까 라면 국물과 연애에는 역류 성분이 들어 있어. 알면서도 사레가 가라앉으니까 남은 국물을 다시 먹네. 오물 뿜어낸 일을 금세 잊은 듯 냄비째 들고 마시네. 그 참, 없는 너구리가 보고 웃고 가는 거 아닌지 몰라.

역류 2

입천장이 또 헐었다
어디가 막힌 건지 자주 헌다
헐어서 흘려보내야 할 무엇이 많은지
강도 높은 염증이 물도 거부한다

손가락 끝에 약을 발라 입천장에 들여 넣는다
천장에 비가 새는지 피가 새는지
손끝이 어둠 속 입천장을 더듬는다
천수천안관음보살처럼
손가락 하나에만 눈이 달려 있어도
입천장을 환히 비출 텐데
캄캄한 굴 속인 듯
내 손이 내 통점을 찾지 못해 헛돈다
내 안에 있는 네가 보이지 않는다

상처는 어디쯤에 웅크리고 있나
어둠 하나만으로도 우리는 이렇듯 멀어
가깝고도 먼 내 속에

아프게 매복하고 있는 너
그곳은 천장지구(天障地區)인가
친장지구(天長地久)*인가

당신의 머리를 휘날려 꿈을 부르던**
청춘은 우리를 흘려보내지 못하고
함께 숨어들었던 그 천장 아래
자주 화농 만발하네
자주 비가 새고 피가 맺히네

―――――

*영화 제목.
**〈천장지구(天長地久)〉ost 중에서.

빨간 기차가 잠들어 있다
―뉘렌베르크 중앙역에서

어둠 속에
빨간 기차가 잠들어 있다
댓돌 위에 가지런히 놓인 신발들처럼
적막하나니 긴 몸 한 채
옷을 벗은 겨울 무지개가
꿈을 꾸며 누워 있는 저편이다
어리석은 줄 알면서도 계속 가야 하는 여행이 있다고
이국의 새벽이 전해주는 배려를 어이 하리
빨간 기차가 맨발이라면
털양말을 신겨 주고픈, 이대로
너와의 간격이 밝아오지 말았으면 싶기도 하다
그러나 이제 곧
비늘 같은 창마다 불을 밝히고
붉은 뱀처럼 스르르르 떠나는 일이 너의 아름다운 본능인데
너무 많은 것을 본 슬픈 내 눈만이
이곳에 오래 떠돌겠지
나지막이 첫차의 기적이 들리는,

다시 세월이 가면
— 로텐부르크에서

곱게 늙은 옛 성입니다. 먼 데 강물이 흘러와 개울을 이루었습니다. 다리를 건너면 중세로 가는 길, 무거운 갑옷은 벗어 두고 건너야 사라지기 좋겠지요. 저마다 아기자기 꽃 화분을 매달고 속삭이는 창문, 뾰족 세모 주홍빛 지붕들이 옹기종기 솟았습니다. 난생처음 들어보는 강 이름, 타우버. 세상의 모든 강은 나그네가 어디에서 왔는지 알까요? 이른 아침 강을 찾아가는 성벽 아래, 비밀의 요새(要塞)가 눈을 뜹니다. 아늑한 초록 눈동자입니다. 지천으로 익은 빨간 산열매 그 끝에 영롱하게 맺힌 빗방울들, 야생 블루베리도 향기롭고요. 황토 지류 한 줄기가 쿨렁쿨렁 숲 사이로 흐릅니다. 저기 이층 무지개다리, 다리가 다리를 업고 중세에서 여기까지 걸어온 것만 같습니다. 그대여, 우리는 우리의 사랑이 먼 훗날 출토될 때까지 서로 업고 갈 순 없었겠지요. 아스라한 과거이거나 미래 같은 이쯤에서 나는 발길을 돌립니다. 시간이 되었으므로, 부서지기 쉬운 손을 잡고 낯선 연인들도 옛 성을 빠져나옵니다. 세월이 가면, 다시 타우버 강으로 가는 내가 있습니다. 지금 보지 못한 채 남겨둔 그 강으로, 다시 세월이 가면

슬픔의 높이

날아가는 비행기 안에서
옆에 앉은 중년 여자가 운다
미세하게 흐느끼며 홀쩍홀쩍 콧물을 삼킨다
마음 아파 우시는지
몸이 아파 우시는지
어느 것이 먼저고 어느 것이 뒤인지 모를,
휴대폰을 켜서 들여다보고
휴대폰을 끄며 고개 떨군다
그 속에 아픔이 저장되어 있는지
그 속의 아픔이 삭제되지 않는지
실밥처럼 툭툭 터질 듯한 울음을
손수건으로 꾹꾹 여민다

슬픔은 식물성이어서
고도 칠천 미터 상공에서도 발아하는구나
화물칸에 싣지 못하고
선반에 따로 올려놓을 수 없는 슬픔,
무심한 구름 속을 날아가는 쇳덩이 안

이쯤 높이에서도 슬픔은 창궐하나니
항로를 이탈한 그녀의 눈물이
기류가 불안정한 지역을 오래 통과하고 있다
허공의 비포장길을
흔들리는 슬픔 혼자 가고 있다

물봉선

운문사 개울가에 물봉선 군락이 곱다
홍초 잔대 여뀌 미꾸리낚시
고마리 흰고마리도 맑게 피었다

누가 들꽃 이름을 알면
늙었다는 뜻이라고 했던가
그러고 보니 나는 이런 들꽃 이름도 안다

미숫가루를 좋아하는 꽃
목욕탕에서 목욕하고 나와서 목욕 바구니 안 들고 집에 오는 꽃
마트에서 물건 담아주는 까만 비닐봉다리를 괜히 모으는 꽃
공중화장실에서 오줌 누고 나와 보니 남자 화장실이었던 꽃
천연염색 옷가게를 기웃거리는 꽃
백발 남자를 아시동생처럼 사랑한 꽃
구름이 열여덟 때 나를 낳았으므로
어쩌다 내가 먼저 늙어 죽으면
구름은 누가 묻어주나 생각하는 꽃

물봉선도 그랬다고 한다
그녀의 눈과 내 눈이 못 본 듯이 마주쳤다

큰 이모 이름 같은 물봉선화요,
하얀거 끈니기든
내 집에 한번 다녀가소

목선(木船)

얼어붙은 늪가에 목선 두 척이 맺혀 있네

바람이 벗어놓은 나막신 한 켤레라면
기다림 삼매에 시린 적막이 만선일레라

두 손을 꼭 잡고 누운 미라라면
얼음 위에 댓닢자리 보아 님과 나와 얼어죽을망정*

저 견고한 맹서
겨울 늪의 낙관일레라

---

* 「만전춘별사」에서 인용.

제2부

북풍

  아무도 보지 못했네, 북풍의 검은 입을, 어디로 삼켰을까 눈조차 없는 바람의 뱃속에서 사막이 뒤집히는 소리 짐승들 쫓기며 달리는 소리, 어제는 코끼리 떼를 잡아먹고 오늘은 산짐승을 꺾어 먹고, 저 잡식성 바람의 이빨에 끼여 울부짖는 짐승들, 세상의 배고픈 것들은 입이 없고 배만 있어, 먹어도 먹어도 배고픈 북풍의 뱃가죽이 말라붙었네, 잠든 간판을 부숴 먹고 현수막까지 찢어먹고 그것들 내장이 덜렁덜렁 펄럭펄럭 흘러나와 만장 나부끼는 소리 너는 어디에 있느냐고, 내 머리끄덩이를 잡고 끌어내려나 긴긴 밤 창문을 때리며 뒤흔드는, 작은 섬에도 북쪽이 있네, 북쪽은 크고 북쪽은 대문이 없고 아무도 없고, 무법천지네 촛불이 꺼지네

미추왕릉

푸른 어스름 봄날 저녁입니다
전생의 입구 수수 많은 벚꽃 아래
나무와 나무 사이로 당신이 지나가시는군요
당신은 꽃가지를 당겨 한참 향기를 맡기도 합니다
내가 아무리 목 놓아 불러도
당신은 내 목소리를 듣지 못하지만
나는 당신의 가슴이 각시맷노랑나비 날개처럼
사운대는 숨결까지 들을 수 있습니다
당신도 무슨 소리를 들은 듯
언뜻언뜻 고개를 두리번거리시는군요
즈믄 해도 훨씬 전, 내가 불러주던 노래가
아스라이 당신의 기억을 흔드는가 싶은데
당신은 무얼 잘못 들은 양 이만치 나가와
그저 혼유석을 쓰다듬어봅니다
다홍갑사봉황무늬 스란치마에 초록명주반비를 입고
내게로 오시던 그날처럼 당신 여전히 곱습니다
귀밑머리에 하늘거리던 칠보 떨새가
아직 내 코를 간질이는 것만 같습니다

시나브로 스며든 이 어둠은 말의 눈동자를 닮아
이제 돌아가시려는지, 내가 당신의 손을 잡고
여기 대숲 너머까지 배웅하는 일도 당신은 모르실 터입니다
그러나, 어느 메별에 우리의 설움이 있으리까
마른 세노래 별헤에 심은 구운 밤 닷 되가 싹을 틔우고*
삼천대계 세세만년 후일이어도
당신은 날마다 내 노래의 무릎을 베고
꽃잠 이루십니다

* 「정석가」에서 인용.

칼

금속성 맹수 한 마리가 웅크리고 있다
신문에 둘둘 싸인 식칼
친정 엄마가 챙겨준 것이라야 영검하다 한다
판을 휩쓸 수 있다 한다
이럴 땐 신문도 흰 비단에 묵서(墨書) 같은 셈이지만
어쨌든 허술하게 남모르게
쇳이 누더기를 뒤집어쓰고 춤추는 형국이겠다

"밤 열한 시에 화장실에 갖다 놨다가 열두 시에 치우면 돼야."

처마 밑에서 칼을 전해주고
엄마는 두말없이 돌아서 갔다

결전의 날이 오면
열 꾼의 전답 문서를 쟁취하리라
빨강 빤스를 입고 굴뚝을 배경으로 앉은 끗발이
파죽지세로 일어날 때면
꾼들의 손목도 하나 둘 붉게 베리라

딸은 회심의 미소조차 들킬세라 감추고
자시(子時)를 기다리는데

초저녁잠 많은 딸이
그날따라 더 졸다가 버티다가
끝내 칼을 치우지 못한 채 잠들고 말았다
그 딸이 꼭 나라고 말할 거까지야 뭐 있겠나마는
오방 한삼 휘날리는 미몽 속엔
진주검무 한 판이
쟁강쟁강 벌어지고 있었던 것이었다

샴푸 어강됴리

샴푸 통에 깨알같이 적힌 샴푸 성분을 읽는다
성분의 세계가 번뇌 망상 따개비다
이걸 삼대 구 년 치성으로 머리에 칠하고 문지르면
언젠가 거품처럼 상상의 나래가 부풀어 오를까
샴푸의 요정으로 변할까
저 성분들,
귀신이 씨니락 끼먹디기 목말라 물 먹으러 가다가
문지방에 걸려 넘어지는 소리 같군
요정이나 귀신이나 한통속이지
저 마흔네 가지 성분을 뒤죽박죽 섞으면
트콜커터롤 코피즈틴륨 콘페벤
암모메틸 벤제메틸 이소치아 졸리논 졸리논!
아, 뭔가 환상적인 주문 같잖아
아랍국가 왕족 이름 같고
귀신 아니고는 찾아갈 수 없는 사막의 이름 같기도 하잖아
어쨌거나 손상된 머리에는
영양과 윤기를 줄 마법이 필요하대

그래도 당신은 샴푸하지 마
일 년 열석 달 윤기 없이
푸석푸석 봉두난발도 좋아
거품 빼고, 사막에서 헤매지 말고
그냥 보따리 싸서 내게로 와
내가 손상 없이 영양만 줄게
반짝반짝 왕으로 만들어줄게
어긔야 어강됴리
아으, 다롱디리!

철새도 먹은 적 없지만

 어우렁더우렁 한 무리 경주 골짜기에 오리고기 먹으러 간다. 내사 오리고기 안 먹지만 철새도 차마 먹은 적 없지만 신라 땅이라면 어디를 가도 좋지. 메뉴판에 적힌 청둥오리 한 마리 사만 원이라, 신천 강가에 청둥오리 한 쌍 서분서분 노닐던 모습 생각난다.

 영혼의 국물에 육신이 조각조각 보글보글 끓는 오리탕, 오리고기는 남의 입에 들어가는 것도 뺏어 먹어야 한다는 선생님 말씀. 그래 잘 먹어주는 게 오리에 대한 예의일 거야. 내 영혼의 골다공중에 너의 피와 살이 스미면 나도 날 수 있을지 몰라. 그럼 어디 오리고기 한번 먹어볼까 하는 순간, 내 까탈을 달래던 선생님께서 더욱 이르사 "이게 바로 구만리장천을 날아가는 기러기야" 하신다.

 아, 퍼들껑 꽥꽥 꽥! 여태껏 나는 몰랐다, 청둥오리가 기러기라는 것을. 이 고기가 '기럭기럭 기러기 논에서 울고, 기러기 울어 예는 하늘 구만리' 그 노래의 살점들인 것을. 탑들은 춤추고 먼 구름 속에 기러기 떼 날던 신라의 하늘이 이드거니

골짜기를 비추는 밤이었다. 청둥오리 모가지 끌어안고 기러기 등에 타고 나도 구만리 떠가는 북녘이었다.

그 겨울 저녁 무렵 허공에 까마귀 떼가 서부렁 섭적 세발랑릉 흑랑릉 날아들어

섬마을 수평선에 눈썹을 걸고 있던 그 겨울 저녁 무렵, 까마귀 떼가 허공에 가맣게 날아들었다. 순식간에 모였다가 나부룩 흩어지고, 싸목싸목 모였다가 순식간에 흩어지는 새떼. 흩어질 때는 누가 해바라기 씨 한 움큼씩을 휙휙 허공에 뿌리는 거 같고 모일 때는 커다란 마른 고사리덩이 같았다. 그러나 그 덩이는 식물성이라기보다 유리질로 비쳤다. 응집할 때마다 와장창창 부딪쳤기 때문이다. 다만 그것은 소리가 아니었으므로 주검들이 허공에서 후두두둑 떨어지는 법은 없었다. 일렬 편대로 비행할 때는 수백 마리 날갯짓이 허공의 살과 뼈 사이를 빠져나갔다. 그럴 때면 까마귀 떼가 까무룩 보이지 않았다. 허공의 비늘만 일제히 일어섰다가 차례로 쓰러졌다.

허공에도 숨을 곳이 있을까? 아니면 까마귀들은 구름 속에 들었거나 산을 넘었을까? 그 순간 외각을 찢으며 다시 나타난 새떼, 이번엔 검은 물줄기를 뿜어 올리듯 높이 솟구치더니 초서 갈필의 붓끝으로 내리꽂는다. 오! 저게 다 문장이라면 똑같은 문장이 하나도 없어 검은색만으로도 변려체를 구사할 수 있겠구나. 그 사이에 새떼는 붓을 버리고 거대한 지느러미를 이루었다. 유유했다.

 허공의 새떼는 바닷속 물고기 떼처럼 날고 바닷속 물고기 떼는 허공의 새떼처럼 헤엄친다. 사람이 바다를 바다라 이름 붙이고 허공을 허공이라 이름 붙였는데 허공과 바다가 같고 새와 물고기가 다르지 않았다. 저 ㅂ름까매기들이 날아오민 ㅂ름이 불거나 비가 올 징조인디 저거영 마농이영 보리영 뜯어먹음쪄. 팔순 노파가 구시렁거리며 어벙저벙 방으로 들어갔다.

 어두워오는 허공의 끝자락까지 한사코 맺고 풀며 서부렁섭적 세발랑릉 흑랑릉* 춤추는 까마귀 떼. 까마귀 떼가 허공을 가를 때는 허공이 비단이며 까마귀 떼가 가위이고 까마귀 떼가 종횡으로 나풋나풋할 때는 추월적막 흑공단 같으니, 이 비단타령은 어느 게 비단이고 어느 게 가위인지 나는 알 수 없었다. 게다가 날까지 어둑시근 다 저물어 이제 까마귀 떼는 소지(燒紙)한 재를 흩뿌린 듯 가물가물했으므로, 시나브로 또 어느 게 까마귀고 어느 게 어둠인지 나는 망막(茫漠)했다.

별들이 톳여(礖)**처럼 하나 둘 돋아나기 시작했다.

---

*서부렁섭적 세발랑릉 흑랑릉(細髮浪綾 黑浪綾): 판소리 「비단타령」에서 인용. 발이 아주 가늘고 얇은 비단과 검은 비단이 가볍게 움직이는 모습으로, 추월적막 혹 공단도 비단임.
**썰물 때 바다 수면 위에 드러나는 바위의 윗부분.

돌

어느 골짜기에서
고르고 골라도 이리 슬픈 돌을 골라
씻고 닦고 말려서 주머니에 넣고 다니며
시시때때 꺼내보고 입 맞추고
얼굴에도 대어보고
알면서도 가끔은
당신 어디에 있다가 이제 왔느냐고 물어보고
밤이 오면 가슴속에 묻어
그게 내 생의 이불이라 덮어주며
남은 나날을 노을 속으로 걸어갈 때
눈에 넣어도 아프지 않을
돌 하나
눈에 밟히는
슬픔 하나

오동나무는 한 그루 바다

오동나무를 심고 싶어
작은 섬에는 큰 나무가 못 자라니까
나무가 많이 없으니까
오동나무가 맨 먼저 떠올랐어

섬에게 오동나무를 보여주고 싶어
한 번도 오동나무를 보지 못한 섬에게
오동꽃을 보여주고 싶어

숭어리 숭어리 오동꽃은
허공에서 보랏빛 종소리를 울리지
세상에 없는 것을 찾아 헤맨
거친 꿈들이 해풍에 나부낄 때
오동꽃 등불이 우리를 환하게 비춰줄 거야

오동나무 이파리가 물결치는 거 보면
그게 바다 같아 바다를 넓적넓적하게 오려서
나무에 빽빽하게 붙여놓은 거 같아

오동나무는 한 그루 바다

가을밤이면 오동나무 이파리
워석버석 파도치는 소리
먼 달까지 별까지 밀려가는 소리
너에게 들려주고 싶어
허락해다오, 섬이여
나 한 그루 오동나무 바다를
너의 뜨락에 심으리니

꽃마리

저명한 해적도
아직 발견하지 못한 미지,
꽃마리 푸른 꽃잎 다섯 장이 오대양이네
대양의 한가운데엔
마리나 해구 같은 블랙홀이 있어
가까이 들여다보면
노랗게 실리노록 참 아찔하지
그 바다에 구름 크루즈를 띄우고
나는 봄날을 항해하네
오목누비 잔누비 물결 따라
오대양을 누비네

저기, 등이 모음을 닮은 고래 떼 좀 봐
고래들도 꽃마리 바다는 처음 보는 양 몰려와
구름 크루즈를 떠밀어주네
수평선을 조금 잘라서
줄넘기를 할까 빨래를 널까
망망대해 일엽편주 위에

빨래 휘날리는 장면 좀 상상해봐
오, 하얗게 잘 마른 러닝셔츠엔 시를 쓰며

이대로 순항한다면
노을의 후렴쯤엔 나폴리 항에 닿겠지
그곳에서 나는 해변의 창문들을 만나고 싶네
나비 날개 같은, 노래하는 창문들의 영혼,
그리고 젖은 신발을 끌며 배회하다
막배로 다시 돌아오는 거야
눈이 쏟아지는 날 흥에 겨워
왕휘지가 밤새 노를 저어 친구 대안도를 만나러 갔다가
눈이 그치자 만나지 않고 그냥 돌아오듯
항구에 하나 둘
불이 켜지는 것만 보고 돌아와도 나는 좋겠네
마리 마리 꽃마리야
오대양의 마리아 곁으로,
고 작고 푸른 바다 한 송이에게로 말이야!

청보리밭

이 짐승은 온몸이 초록 털로 뒤덮여 있다
머리털부터 발끝까지 남김없이 초록색이어서
눈과 코와 입은 어디에 붙어 있는지 모르겠다
초록 짐승은 땅 위에 거대한 빨판을 붙인 채 배를 깔고
검은 밭담이 꽉 차도록 엎드려 있다

이 짐승의 크기는 백 평 이백 평 단위로 헤아린다
크지만 순해서 사납게 짖는 법이 없고
검은 밭담 우리를 넘어가는 일도 없다, 만약
밭담을 말[馬]처럼 만든다면 짐승은 초록 말로 자라고
말은 초록 갈기를 휘날리며 내 꿈속을 달리겠지

바람이 짐승의 등줄기를 맨발로 미끄러져 다닌다
바람의 발바닥에 시퍼렇게 초록물이 들었다
굽이치는 초록 물결 초록 머리채 초록 비단 춤

이 짐승은 일생을 돌아눕지 않는다
한 여자만을 사랑했다는 걸 보여주는 건

꼿꼿하고도 무성한 황금빛 수염이다
바람은 참빗을 들고 짐승의 수염을 곱게 빗어준다
짐승은 수염을 일제히 세우고
바람의 발바닥을 간질이며 논다
바람의 발바닥엔 그 짐승이 새긴 초록 문신이
아직 푸르게 남아 있다

갯강활

늙은 과부가 총각과 나눈 밤이 거기 있네
갯강활에 꽃이 피어

바닷가 소금 바람 앞의 갯강활들
여러해살이 풀이라지만
이건 풀이 아니라 통째 나무야 활엽수야
다섯 자가 넘는 기에 억세고 굵은 관질
시퍼렇게 번들거리는 잎조차
나는 쳐다볼 정이 없던데

대궁에 꽃은 어떻게 슬었을까
길쭉길쭉 목을 빼고
날마다 젊은 포구 바라보더니

가난하고 늙은 과부에게 붉거나 노란 꽃은 먼 얘기라고
꽃이 아닌 듯 꽃인 듯 좁쌀보다 작은
그저 밋밋한 연두거나 흰색이지만
작은 겹우산모양꽃차례

그 꽃송이들, 마냥 당당해요
돛대를 떼 왔나 기고만장해라
섬마을 오월은 갯강활의 전성기라네

한철 꽃피우고 애정영화까지 찍었으니
이제 남겨진들 무슨 후회가 있겠어
질 때는 흉가처럼 시들어
주검의 잎사귀 너덜너덜 매달린
이건 풀이 아니라 짐승의 최후 같아
꺾어보면 그 줄기 속이 검은 바다처럼 텅 비어 있던
갯강활의 후기를

축서사(鷲棲寺)

늙은 딸을 남겨두고
저무는 하늘에 솥을 건다

서편 부뚜막에
끓어 넘치는 붉은 밥물이
허공의 뒷모습을 적시니
저것이 노을 밥
기와 담장에 기대어
중이 먹고 나도 먹는다
그녀의 눈에서
젖은 꽃이 뚝뚝 떨어진다

나래 천리 독수리 한 마리
문수산을 날아오른다
어린 구름들이 날갯죽지에서
후두두둑 떨어져 내린다

묻지 마라,

내 마음의 불구가
범종 소리 속으로 타들어 갈 때
늙은 딸이 누구냐고
애꿎은 내게 묻지 말아라

수평선이라는 직업

수평선도 나름 바쁜 직업이다
수평선은 세상에 단 하나뿐인 것들을 담당한다
날마다 해를 길어 올리고
달마다 달을 빚어 띄우는 일
그거 아무나 못한다
수평선이 없다면 해는 어디로 떠오르며
달은 어느 배[腹]를 빌려 둥글어지겠나

수평선이 아무 일 안 하는 거 같아도
그 자리 고요히 지키고 있는 것이 수평선의 주소다
내게도 그런 수평선 하나 있다면
본적(本籍)은 필요 없으리

너의 타는 마음을 수평선에 널어 말릴 때
수평선은 그렇게
세상에 단 하나뿐인 너에게 기여한다

고깃배들 불빛이 보석 브로치처럼 밤바다에 맺혔다

이 배 저 배 배다른 새끼들까지 젖을 물리며
수평선은 순한 물의 짐승으로 누워 있다
만선이 될 때까지 새벽이 올 때까지

낯선 섬마을에서
나도 가끔 저 수평선의 무릎을 베고
잠들곤 한다

돌강

돌도 하나의 돌이 되기까지
천신만고를 지나오는군요
아직 돌이 아닌 덩이가
땅 밑의 기나긴 어둠을 밀치고 나와
비바람에 살이 뜯기고 뼈가 깎여 돌이 되는군요
시간의 암수가 산란한 돌들
아직 묵언수행 중인 저 돌너덜
빙하기의 화두며
하늘과 땅 사이 침묵의 악기군요
나이가 이만저만 아니니
돌님이라거나 존칭어를 써야겠어요

돌이시여!
그쯤에서 멈추시길 잘했어요
이 세속에 굴러 내려와 봐야 별거 없어요
전쟁, 핵무기, 비열한 정치, 파괴, 말의 공해를
멈춰야 한다는 걸 보여주세요
끝없는 욕망을 가진 우리들이

너덜의 가르침을 배우면 좋겠어요
돌이시여, 거기 그대로 바람의 계곡에서
이 세상을 내려다보아요
깎아놓은 돌만이 부처가 아니지요
이 돌 하나하나가 천수천안
부처의 눈이며 손가락이며 살점들이겠지요

경고문

지나친 그리움은 금물입니다

그리움 밭에 들어가지 마시오

그리움이 눈 똥은 주인이 치우시기 바랍니다

그리움에게 먹이를 던져주지 마시오

그리움에게 3m 이상 접근금지

그리움은 수심이 매우 깊으니 들어가서 헤엄치지 마시오

구명복은 좌석 밑에 없습니다

그리움을 우회하시오

제3부

인간의 자리
―쾰른 대성당

누구에게 바치는 옷 한 벌이

이토록 크고 높은가

찬란한 스테인드글라스

아득한 고딕 궁륭 아래 서면

모두 죄인이 되거나 천국행 열차를 타려 한다

이 불편한 인간의 자리

병을 주고 약을 판다

 그대는 여기서 무엇을 하고 있는가. 신의 이름으로 말하노니 처음 그대가 살던 그곳으로 돌아가라. 나에게는 그대가 필요치 않다. 빨리 떠나거라.*

---

*마르쿠스 아우렐리우스의 『명상록』에서 인용.

겸재 정선 고흐를 만나다*

우장산 두 봉우리 우뚝한 양천 들판을
노인이 도롱이에 삿갓 쓰고 나귀 타고 가시네
한 소솜 소나기 번지는 수묵 건너
마을 가듯 건너가시니
라크로의 가을 추수 눈부시고
저 멀리 마차도 가물가물 지나간다네

노인이 물어물어
아를에 도착했네
둥근 달 숨바꼭질하며 따라오는 먼 나라
거기 푸른 대문 푸른 방에
붕대로 귀를 싸맨 영혼 하나
노인을 기다리고 있네

이렇게 만나게 될 줄 그 누가 알았으리
압생트 없이도 가슴 뜨거운

둘은 이 세상 아무도 모르는 둘만의 언어로

자분자분 담소하네
타오르는 사이프러스 나무 뒤로 달은 흘러가고
둘은 서로 눈을 끔벅끔벅 고개를 끄덕끄덕
별이 빛나는 밤 깊어 가는데

어느새 먼동이 트는가
노인이 나귀의 고삐를 돌리네
오는 길에 농부에게
상처 입은 그 영혼을 당부하며
다시 양천 폭설 건너오시네

내내 허리춤에 반짝이는 아주까리 등불
연못에 그림자를 적시며 가시네
명주숙고사 만 필 내려쌓이는
흰 눈 속에 멀어 멀어져 가시네

------

*이이남의 미디어 아트.

속이 배꽃 같은 육단서랍장

한 가정사를 다 보고 들은 참고인이겠다
서른두 살 된 첫아이와 동갑이고
열네 번 이사에 가구 고참으로 남았다
보루네오 섬 어느 나무 가문의 혈족이었을까
허술한 살림 중에 제일 인물 좋던 육단서랍장
안쪽은 배꽃같이 흰데, 둘째 칸
손잡이가 떨어지고 모퉁이도 벗겨져 그 명이 소금씩 기울었다
언제부터 그것은 뒷방 늙은이가 되었다
때가 되면 곧 내다 버리리라

오뉴월 이삿날 퇴출 일 순위 육단서랍장
(서랍장을 타이핑하려는데 '서럽장'으로 찍혀 고쳐 찍다)
버릴 것은 버려야 한다고 미련을 갖지 말아야 한다고
현명한 결정의 대가처럼 내가 떠들자
이사 인부들이 서랍장을 가져가겠다고 한다
나는 서랍장과 마주치지 않으려 눈을 피했는데

마음의 끈을 놓지 않은 것은 아직
한 발자국도 떠나보낸 것이 아닐런가
겉에 허물이 있으나
속이 깨끗한 것을 버리는 일은 쉽지 않더라
나는 속도 허물투성이가 아니냐
뱉은 말을 슬쩍 거두고 아무 일 없었던 것으로
여전히 한식구가 되어
이승의 안방에서 나와 동거 중인 육단서랍장

벌레

어머니, 방충망 좀 닫으세요 창문만 열면 되지, 왜 꼭 방충망까지 열어요 벌레 들어오잖아요

야, 이놈아 우리도 벌레야 벌레들은 우리 보고 그 이상하게 생긴 큰 벌레가 방충망 속에 갇혀 있네, 라고 해

저 상 물결, 서 앞산, 서 하늘, 서 노을, 서 구름, 서 빗줄기, 저 초승달, 저 보름달, 저 샛별, 저 바람은 제발 방충망 열고 좀 내다봐

푸른 그늘을 깁다

섬마을 아이들이 강아지 봉제인형을 만든다
자그맣고 고요한 아이가
인형의 삐져나온 솜과 천을
오목조목 안으로 밀어 넣으며 시침질한다
한 땀 한 땀 건너가는 바늘땀이 새 발자국 같다

종려나무 그늘 아래
연못 속 비단잉어들이 노래하는 오후,
여덟 살 사내아이가 마지막 휘갑치기를 한다
그리고 실을 이빨로 물어 툭, 끊는다

아이야, 어느 생애에서 너는
매듭실을 이빨로 끊는 걸 알았느냐
가위는 안중에도 없이 순식간에 툭!
먼 훗날 상처 난 네 영혼의 실밥도 그렇게 뽑을는지
말없는 어린 섬아,
눈 못 뜨는 강아지 한 마리가 네 품에서
지금 막 꼬물거리기 시작하는구나

북부정류장

1.
북부정류장은 시내 동쪽 끝에 있네
옛날엔 비산동 지금은 서구 서대구로 295번지
그러니 북부정류장을 찾기 위해
북쪽이나 북구로 가서는 안 되네

한글보다 외국어 간판이 더 많은 거리
횡단보도에 마트에 휴대폰 가게에도
동남아시아 사람들이 더 많은 북부정류장
이곳에 오면 내가 해외여행 온 거 같네

2.
북부정류장엔 동대구역이나 고속터미널에는 없는
박사와 전문가가 있네
정류장 안에서 제일 큰 광고판
〈국내 국제 중매박사, 필리핀 베트남 캄보디아 전문〉

비원지구대가 써놓은

이건 또 무슨 좌우명이나 가훈 같아

날 좀 들
치 도 치
기 둑 기
　　조
　　심
　　합
　　시
　　다

　절도범
　다발지역
　(가방조심)

그렇지, 가방이 맹견처럼 컹컹 짖을지 모르니 조심해야 해
생을 절도당하지 않으려면 가방을 먼저 버리는 것도 좋은
방법이지

북부정류장에서 가방보다 더 명품은
단연 손금 할아버지야
인생의 축소판 운세 투입구, 라고 써놓은 곳에
천 원을 넣고 왼손바닥을 대면 운세가 출력돼
'애정 표현이 직접적이고 과감하며 순박한 사랑의 소유자
입니다'
오, 이것이 니의 애정운이라니
북부정류장을 수호하시는 마네킹 할아버지여
이 운세표는 북극으로 가는 차표인가요?

3.
이제 더 늦기 전에 구두에 대해 얘기해야겠네
동대구역에도 고속버스터미널에도 없는
또 한 가지는 구두 가게라네
초식동물의 코처럼 반짝이며 까만
구두들이 북부로 가는 비밀번호 같아
저마다 신고 있던 신발은 생의 어디쯤에서 고장 났는지
저 구두를 신고 북부로 가면 절도당한 생을 찾을 수 있을까

4.
여름엔 선풍기 몇 대 겨울엔 난방기 하나로
사십 년 넘게 변함없는 이국
이곳에서 파는 김밥 속엔 계란말이가 없고
속보다 밥이 더 많은 김밥처럼 북부정류장,
비산동일 때나 지금이나
한 번도 비싼 티를 낸 적 없네
언제 불러 봐도 북부스러운
북부정류장은 시외정류장의 고전
이 소설에게 구두 한 켤레 사주고 싶네

겨울 미로

 눈은 내리지 않았다. 마른 나무에 휘감아놓은 루미나리에가 나무에게 빛나는 축복인지 뜨거운 사슬인지, 내가 그것을 보는지 그 무수한 불의 눈이 나를 보는지, 유행이 지난 인식론의 입구에서 나는 헤매었다.

 잘못 찍힌 사진처럼 날씨는 종종 섬세한 봄날을 출력했다. 버스 정류장 근처 '폰값 똥값'이라고 현수막 매달아놓은 가게가 폐업했다. 많이 팔리기를, 팔아서 잘 먹고 잘 살게 해달라고 구조 요청을 했으나 기지국과 교신하지 못한 채 끝내 통신이 끊긴 모양이다. 나는 폰과 똥의 상관관계가 몹시 미끄럽게 느껴졌다. 잘 살려면 잘 싸야 하는 법, '밑으로 빠지는 똥이 없으면 위로 들어가는 밥도 없다'*는데

 기다려도 오지 않는 것들의 주소는 어디인가. 내 기다림은 눈[雪]이나 성탄이 아니다. 암묵적인 합의의 신호와 숫자들, 지금은 503번 버스를 기다린다. 누가 다른 등번호를 달고 먼저 달려와 준다면 나는 기다림의 대상을 바꿀 수 있을까. 겨울이 봄날 같아서 축복인지 난감한지, 어룽거리는 햇살 속에 진눈

깨비 흩날린다. 버스는 오지 않고 여기, 늙은 눈물이 시큰거리는 겨울 오후

---

*김소진 소설 「내 마음의 세렌게티」 중에서.

절절

대비사 돌확에 약수가 얼었다
파란 바가지 하나 엎어져
약수와 꽝꽝 얼어붙었다
북풍이 밤새워 예불 드릴 때
물과 바가지는 서로에게 파고들었겠지
앞이 보이지 않는 어둠 속에서도
서로를 꽉 잡고 놓지 않았겠지
엎어져 붙었다는 건
오지 말아야 할 길을 왔다는 뜻, 그러나
부처가 와도 떼어놓을 수 없는 이 결빙의 묵언수행을
지난밤이라 부른다
내가 잃어버린 지난밤들은
어디로 가서 철 지난 외투가 되었을까
돌확이 넘치도록 부어오른 얼음장이
돌아갈 수 없는 길의 발등을 덮았다

봄이여, 한 백 년쯤 늦게 오시라
차갑고도 뜨거운 화두에 거꾸로 맺힌 저 대웅전

파란 바가지 한 채의 동안거가

절절 깊다

고요가 가슴이라면 미어터지는 중이다

구정(九鼎)

스승께서 내게
하고 싶은 말을 해보라고 할 때는 생각나지 않던 말이
집에 돌아와서야 희미하게 떠올랐다

여태껏 낯설고 서먹한 아버지라는 말
꺼두지 못하는 전화기처럼
아직 남아 있는 말,
평생 바깥 살림을 떠도는 칠순 노인에 대하여
이제는 천륜이 코미디 같고 남 같고
있어도 없는 자리 같다고

집에는 울 수 있는 장소가 있어야 한다는
어느 건축가의 말처럼
진흙더미를 추슬러 아홉 번 솥을 걸던
구정의 자리는 아궁이 앞이었을까
생솔가지를 태우며
자우룩이 번지는 생의 매운 연기 앞에
구정(九鼎)*은 가마솥 뚜껑 같은 눈물을 흘렸을까

\>

솥도 아궁이도
불을 때면 뜨거움을 견디는 일은 같겠지
구정이 아홉 번 솥을 걸자 비바람이 멎고
그때서야 솥이 구정의 손을 놓아 주었다 하는데
솥을 걸다 말고 아궁이 앞에 쪼그리고 앉아 있는
저 부지깽이는 또 누구인고
이제 나는 전화기를 꺼둘 때가 되었는데

---

*구정(九鼎) 선사: 신라 때 어느 무지한 청년이 노스님께 행자 되기를 청하여, 아홉 번이나 솥을 걸게 한 스승의 말씀을 따라 묵묵히 솥을 바꿔 걸었음. 그 뒤 스스로 깨치고 구정이라는 법명을 얻음.

화엄장

지리산 화엄사에
독수라는 부처가 살고 있었다는데
어느 날
법당의 촛불이 다 타고
공양주도 잠든 밤
부처가 마을로 간 까닭은
불심 깊은 보살이
부처에게 문자메시지를 보냈기 때문이라는데

독수공방은
부처의 방이 비었다는 뜻입니까
부처가 나의 방에 없다는 뜻입니까

빈 적도 없고 없는 적도 없어라
구름은 밤하늘에도 쉬지 않고 흐르나니
그날 밤
보살과 부처가 이루어 소신공양 보시하며 머문 곳이
화엄사 아래 화엄장이라는데

꽃들은 새가 되어 날아오르고
별들이 은하수에서 뱃놀이하는
화엄화엄 화엄의 장, 그 장엄한 전설이
아직 화개장터에 남아 있다는데

부처의 자식은 열 살이 될 때까지 색동옷을 입혀 키우면
무병장수한다는 설도 있다는데, 있다 하는데

세탁기

그녀를 너무 학대하였다
오늘은 새벽부터 늦은 밤까지
네 탕이나 뛰게 했다
가볍든 무겁든 가리지 않고
마지막으로 받아들일 때 그녀는
삐걱삐걱 끽끽 지친 숨소리를 냈다
좀 쉬었다 돌리긴 했지만
아무래도 나는 나쁜 포주 같다
그녀는 세상의 때 묻고 얼룩진 것들을 받아들여
온몸으로 돌리고 빤다
프로가 그렇듯 그녀는
품에 들어온 것들의 물기를 다 뺀 다음에야
문 밖으로 내보내준다
그녀가 이룩한
그 청결한 영혼의 옷을 입고
우리는 날마다 또 무슨 죄를 짓는가
세탁기, 그녀는 성녀다

나락[禾]

안뜰 논이 만삭이다
태아가 뱃속에서 열 달 동안 크는 까닭이
나락 익는 시월상달에 그 뜻이 있었나보다
들판은 판판 콩가루 듬뿍 뿌린 콩시루떡을 닮았다
어느 줄기 하나 웃자라지 않고 엉키지 않고
빼곡빼곡 송아리송아리 이삭을 매단 자세가
사돈의 팔촌도 반기는 모습이다 굳은 약속 같다
가을 들판은 성공한 사회주의 백 마지기,
저 쌀을 찧어 같은 밥을 먹고 같은 하늘 아래서
사람들은 저마다 서로 다른 길을 간다

쌀알은 왜 호박보다 작은가

어둑새벽 찬물에 세수를 하면서
뜬금없이 쌀 생각이 났다
쌀알은 왜 작은가
농사 손이 여든여덟 번 가야
쌀이 되는 건 그렇다지만
자두나 복숭아만 해서
몇 개만 먹어도 요기가 되는 열매가 아니고
수박이나 호박만 하면
한 덩이로 여럿이 쉽게 나눠먹을 텐데
어쩌다 흘릴 때는 줍기조차 힘든,
곡신은 왜 곡식을 작은 알갱이로 만들었을까
더운 밥 지어서 더도 덜도 말고
딱 먹을 만큼 가늠하기 좋게
먹다가 남겨서 버리는 일 없으라고
자디잘게 쌀을 주셨나
찔레꽃 이리에 비가 오면 개 턱에도 밥알이 붙는다* 하니
그 식구까지 잊지 말라는 쌀의 말씀이겠지
쌀 한 대접으로 죽을 끓이면 마음이 열 그릇

쌀밥이 얼싸안은 게 주먹밥

그러고 보니 쌀은

한 톨도 샛별처럼 빛나지 않던가

---

*늦봄에 알맞게 비가 자주 오면 농사가 잘되고 풍년이 든다는 뜻의 속담.

남쪽의 밀롱가*

누가 저 밤 물결의 현을
연주하는가

돌아오는가
돌아가는가

잠들지 못하는 바람의 맨발
시리도록 춤을 추네

무너져다오 기다림이여
그 많은 새들은
어디에 깃들었는지

섬마을 허공에 맺힌
젖은 악기 하나

여기 파도의 유적지에서
나는 홀로

다정큼나무의 노래를

오래 불러보고

---

*탱고를 즐기기 위한 사람들이 모이는 장소나 시간을 의미함.

봄날은 간다

'봄날은 간다'에서
주어는 어느 것인가
봄?
날?
봄날?

봄날은 간다에서 주어는
'간다'이다

삶이라는 뒤숭숭한 선물과 환한 근심이
내내 나를 희롱하며 종용하다가
설핏 꿈인지 모를 걱정을 뒤로하며 가나니
그 예쁜 마로니에 꽃 우듬지에서 홀로 피고 질 때
봄날은 기어이 가고야 마는 일

그런데
봄은 어디로 가는가
누가 가는 봄의

옷소매와 맨발을 보았는가

모진 것,

매화 벚꽃 복사꽃
천지간에 그 꽃잎 단 한 장도 남겨놓지 않고
다 데불고 갔구나
나만 내팽개쳐 두고
뒤도 한번 안 돌아보고 갔구나

유채꽃

노랗게 밀어붙인다
노란 유혹 노란 꿈결
노란 파도 노란 진군
천지 무법의 점령군이다
여기저기 아무 데서나
막무가내로 핀다
가진 건 노란색뿐이다
노란색 하나에 목숨을 걸었다
아무도 못 말리고
누구도 이길 수 없는 색깔이다
저 노란 전술의 암호를 캐려고
우리 둘이 유채 꽃밭에 잠입했으나
빠져나가지 못하고
그만 포로가 되었다
즐거운 포로가 되었다

발문

서부렁섭적 세발랑릉 흑랑릉하는 문장들

송재학(시인)

> 우리 삶보다도 더 우리 것인 것들,
> 얼마나 많은 것들이 있는지, 존재하지 않으면서도,
> 존재하고, 느지막이 존재한다,
> 그리고 느지막이 우리의 것이다, 바로 우리이다
> — 페르난두 페소아, 「나의 시」 부분

 2000년대 초반 장옥관과 엄원태, 송재학 세 사람이 대구 문학에 대한 부채와 의무감으로 개설했던 '목요시학회' 카페에서 사윤수는 유한이라는 카페명으로 활동을 하면서 문단의 이면에 등장했다. 바람재와 봄핀과 달풀, 달북, 아네모네, 몰운대라는 그리운 닉네임이 아직도 가상공간을 배회하고 있겠다. 상기한 세 사람이야 원래 성정이 게으르고 현장에 서툴지만 열정적인 평론가 김양헌이 가세하면서 '목요시학회(또는 목시)'는 대구뿐만 아니라 경향의 시인들이 한때 들락거렸다. 돌아보니 그 시절의 갈증과 열망으로부터 우리는 얼마나 멀어

졌는가, 아득할 뿐이다.

  등단 이후에야 유한의 본명을 알았으니 나의 무심함은 제쳐놓더라도, 사윤수의 등단으로 대구 문단은 '조금' 술렁거렸다. 2000년대 이후 등단은 누구나 거치는 사소한 과정이기에 그 술렁거림은 의외였다. 사윤수의 등단이 놀라웠다면 당연히 등단작 때문이겠다. 「청자상감매죽유문장진주명매병의 목독」이라는 청자매병처럼 목이 긴 제목이 우선 화제였고, 당대의 미덕이었던 미래파의 수사학이 아니었기에 오히려 더 낯설었다. '청자상감매죽유문장진주명매병'은 당나라 시인 이하의 「장진주」 전문이 위패 형태의 창에 상감되어 있고 시문 사이에 비드나무 대나무 매화를 각각 새긴 고려시대 청자매병으로 현재 보물로 지정되어 있다. "사윤수의 시들은 시적 사유가 깊고 유려하지 않은 듯한 어투이지만 오히려 언어를 다루는 솜씨에 군더더기가 없고 시상을 끌고 나가는 힘이 있다"는 심사평은 아직 유효하다. 다시 작품을 읽어보면 매병과 화자를 동일시하여 어디까지가 매병인지 어디까지가 화자인지 경계의 매듭을 지운 시적 전략이 돋보인다. '청자상감매죽유문장진주명매병'이라는 긴 제목의 독특한 소재, 슬기등 덩뜰 당뜰 당다짓도로 당다둥 뜰당이라는 거문고의 소리를 입말로 치환한 해석, 천 년의 시간마저 잠시 꿈처럼 여기는 몽환 등이 합쳐져서 헐렁한 마음이 어디에도 달라붙지 못하며 세상을 떠도는 객주의 삶을 형성하고 있다. 이 작품의 은은한 경향과

문체는 이후 사윤수의 문학 전체에 영향을 드리운다.

 사윤수의 첫 시집 『파온』은 유종인의 해설에 기대면 "마음의 궤적"을 따라가는 "발견의 감각"들이 돋보인다. 그 감각이 복수의 '들'인 것은 「청자상감매죽유문장진주명매병의 목독」에서도 잘 드러나듯 시인이 전생과 후생을 드나들듯 시공간을 압축하거나 몸과 사물을 판소리를 비롯한 옛것들을 통하여 소명하는 여러 통로를 활용했기 때문이다. 확실히 『파온』에는 우리말 의태어와 의성어의 사용설명서가 첨부된 감각의 수발이 빛나고 있다. 눈길을 끄는 시집의 제목 '파온'은 "생의 무늬가 아스라이/흩어지던 은빛 낙발"인 할머니 혹은 늙은 여자를 지칭한다. 할머니 혹은 늙은 여자라야 가능한 세계/타자/기억/욕망에의 포옹이 파온이 지시하는 세계관이다. 파온은 길가메시 서사시에 등장하는 시두리, 오디세이에 나오는 키르케에 대한 시인의 적극적인 해석이다. "매달려서 견디다 흔들리며 죽어 환생한 '것'들의 모음집"(《경북일보》서평)이라는 적절한 평가도 파온이라는 다정다감한 매개체가 있기에 가능한 레토릭이다.

 『파온』 이후 사윤수는 "새들이 남긴 적막이나 받아쓰"거나 "타우버 강으로 가"기만 했을까. 남쪽의 우도와 대구를 왕복하면서 바다에 대한 시를 잔뜩 쓰고 있으리라는 짐작이 있다.

가끔씩 건너오는 소식에는 확실히 바다가 웅크리고 있었다. 그 바다는 원래 발톱이 다섯 개이지만 셋만 보이는 짐승의 형상이다. 그게 매일 자라는 시인의 발톱이라는 건 분명하다.

「그 겨울 저녁 무렵 허공에 까마귀 떼가 서부렁섭적 세발랑룽 흑랑룽 날아들어」, 다시 기시감처럼 긴 제목의 시편을 보지 않을 수 없다. 낯선 제목이 도발하는 언어는 독자에게 너는 무엇이냐 무엇을 자극하느냐는 질문을 던진다. 우선 눈길을 끄는 '서부렁섭적 세발랑룽 흑랑룽'이라는 구절을 되새겨 보자. 세발랑룽 흑랑룽은 판소리 〈비단타령〉에서 인용되었는데, 발이 아주 가늘고 얇은 비단과 검은 비단이 하늘하늘 움직이는 모습이다. 서부렁섭적은 세발랑룽 흑랑룽하는 비단을 "별로 힘들지 않게 선뜻 건너뛰거나 올라서는 모양"이다. 우리말과 판소리의 장단이 긴밀하게 결합하여 비단의 의성과 의태를 포개니까, 섬마을을 뒤덮는 까마귀 떼가 시선을 가득 메운다. 「청자상감매죽유문장진주명매병의 목독」처럼 제목의 독특함과 마찬가지로 여기서도 까마귀 혹은 까마귀 떼에 흠뻑 젖는 감정 이입의 순간들이 포착되고 있다. 가장 흥미로운 부분 ;

흩어질 때는 누가 해바라기 씨 한 움큼씩을 획획 허공에 뿌리는 거 같고 모일 때는 커다란 마른 고사리덩이 같았다. 그러나 그 덩이는 식물성이라기보다 유리질로 비쳤다. 응집할 때마다 와장창창 부딪쳤기 때문이다. 다만 그 것은 소리가 아니었으므로 주검들이 허공에서 후두두둑 떨어지는 법은 없었다.

'해바라기 씨'를 뿌리는 것 같고, '마른 고사리덩이'처럼 뭉치는 것 같다는 까마귀 떼가 허공에서 모였다가 흩어지는 모양새가 언어 이상의 생동감을 획득하고 있다. 그 둘의 주체는 모두 화자이므로 저녁/자연과 화자/사람의 일치라는 서정시의 정형에 속한다. 게다가 "소리가 아니었으므로 주검들이 허공에서 후두두둑 떨어지는 법이 없"다는 부분을 반추할 필요가 있다. 소리도 아니고 주검도 아닌 까마귀와 까마귀의 모임과 흩어짐은 잠시 가독성을 멈추게 한다. 소리와 주검 사이의 발화의 지시는 여백의 발명을 탄생시킨다. 소리와 주검이 가득 찬 화면은 반대로 소리와 주검이 텅 빈 화면이기도 하다. 소리와 주검 사이의 기이한 여백 혹은 고요함까지 까마귀는 섬과 바다 사이의 저녁이라는 시공간을 쥐락펴락하는 것이다. "일렬 편대로 비행할 때는 수백 마리 날갯짓이 허공의 살과 뼈 사이를 빠져나갔다. 그럴 때면 까마귀 떼가 까무룩 보이지 않았다. 허공의 비늘만 일제히 일어섰다가 차례로 쓰러졌다"는 다음 부분 또한 그 여백에 헌신한다. 그러기에 까마귀 떼라는 여백과 고요의 큰 장소에 물고기 떼들이 쉬이 들어올 수 있는 공간이 허락된 것이다. 그리고 이어서 "서부렁섭적 세발랑릉 흑랑릉"의 아름다움을 만날 수 있다. 다시 읽어보자. 까마귀 떼는 해바라기 씨이고 마른 고사리덩이, 검은 문장이면서, 물고기 떼이며 비단이며 흑공단이다. 비단을 잘라내는 가위마저 이 화면에 다 부속되었고 점차 어두워지는 어둠마저 까마귀라는 구상의 일부이다. 까마귀 떼를 부르는 주술에 화자의 두근거리는 심장까지 포함되어 있다. 하나가 전체이며 전체가 또한 하나이다. 이제 제주도 우도에 간다면 까마귀의 동정은 필수이겠다. 확실히 전작 「청자상감매죽유문장진주명매병의 목독」과 비교하면 확장된 감각과 넓어진 상상력이라는 시적 성취를 볼 수 있다.

  여백과 고요의 주름은 이번 시집을 관통하는 키워드이다. 시 「저녁이라는 옷 한 벌」에서 시인이 그리고 있는 옷이라는 슬픈 몽타주가 여백과 고요의 역할을 서슴없이 맡고 있다. 먼저 화자는 "누구에게나 옷 한 벌이 있다"라는 투명한 독백을 시작한다. 그것은 "모양과 색깔이 없"지만 "벗을 수 없는" '저녁'이라는 옷이다. 심지어 "인류의 오랜 풍습인" '저녁'이 금세 어두워지는 옷이라면 밤이란 시인에 의하면 "저녁이라는 옷들이 쌓인 현상"이다. 저녁과 밤의 두툼한 옷이라는 문화이다. 심지어 이별에도 옷이 필요하다. 옷이면서 세상 모든 것에 달라붙은 '저녁'이라는 접두사는 슬픈 현상이다. 그러니까 사윤수의 저녁이라는 옷은 풍습이자 현상이다. 그것이 풍습일 때 우리는 저녁에서 밤으로 다시 죽음으로 넘어가는 시간이라는 옷을 입는 것이고, 현상일 때 우리는 저녁이자 밤이며 동시에 생사불이라는 사유에 고즈넉이 침잠하는 것이다. 흥미로운 것은 여백과 고요의 반대편에 버젓이 자리 잡고 있는, 격렬함이다. "내장이 덜렁덜렁 펄럭펄럭 흘러나와 만장 나부끼는 소리 너는 어디에 있느냐고, 내 머리끄덩이를 잡고 끌어내려나 긴긴 밤 장문을 때리며 뒤흔드는, 작은 섬에도 북쪽이 있네, 북쪽은 크고 북쪽은 대문이 없고 아무도 없"(「북풍」)는 북쪽이라는 폭풍을 읽을 수도 있다. 북쪽은 "오방 한삼 휘날리는 미몽 속엔/진주검무 한 판이/쟁강쟁강 벌어지고 있었던(「칼」)" 금속성 맹수이기도 하다. 협소 지점에서 여백과 고요는 격렬함과 대치하고 광의의 지점으로 나오면 격렬함을 삼킨 여백과 고요가 있다. 시인이 철학을 전공한 약력을 나는 또 무심하게 잊고 있었다.

닉네임 유한으로부터 춤 이야기를 들었는지 아니면 사윤수 시인으로부터 춤 이야기를 들었는지 분명하지 않다. 춤을 추는 시인의 사진을 얼핏 보기도 했다. 직접 시인에게 물었다. 2006년부터 취미로 한국무용을 배웠다고 한다. 당연히 시집 『파온』과 이번 시집 『그리고, 라는 저녁 무렵』에서도 춤의 이미지들이 유난히 많다. 시집 『파온』의 해설에서 유종인도 춤에 주목했다. 유종인에 의하면 사윤수의 춤은 "나는 여기에 있다. 그러나 나는 여기에만 있는 것은 아니다, 라는 분열적인 존재의 그리움"이 "현재적인 흔들림의 현상에서 항구한 우주적 율동의 양식인" '춤'을 분리했다고 지적했다. 심지어 사윤수에게 춤은 자유를 향한 최초의 위로이자 구원해내는 양식임을 이끌어낸다.

「그 겨울 저녁 무렵 허공에 까마귀 떼가 서부렁섭적 세발랑룽 흑랑룽 날아들어」에서도 까마귀 떼의 모임과 흩어짐에서부터 화자의 시선까지 춤의 조곤조곤한 형상이 시를 이끌고 있다. "바람이 짐승의 등줄기를 맨발로 미끄러져 다닌다/바람의 발바닥에 시퍼렇게 초록물이 들었다/굽이치는 초록 물결 초록 머리채 초록 비단 춤"(「청보리밭」)에서처럼 바람의 형용도 시인에게 춤으로 묘사된다. 그러기에 춤의 의태어들이 시집 전체에 가득 깔려 있다. 쟁강쟁강, 어우렁더우렁, 싸목싸목, 나풋나풋 등은 소리를 간직한 춤의 동작들이다. 그러고 보니 시인에게 의태어와 의성어는 서로 감싸면서 넘나든다. 사윤수의 춤 속에서 의태어와 의성어들은 스란치마의 옷감처럼 그 둘을 동시에 드러내기에 싸목싸목하면서 나풋나풋하다. 춤의 안감이 드러내는 소리와 모습이 잘 들리고 만져지면서 선명하다.

여기까지 온다면 시집 『그리고, 라는 저녁 무렵』이 시집 『파온』과 자매지간임을 쉽사리 알 수 있겠다. 전작과 구별한다면 주술이 첨가된 시어들을 확인해볼 수 있다. 더 정치하게 말하자면 이번 시집은 "매달려서 견디다 흔들리며 죽어 환생한 '것'들"을 위한 주술의 서정집이다.

    폭우는 허공에서 땅 쪽으로 격렬히 꽃피우는 방식이다. 나는 비의 뿌리와 이파리를 본 적이 없다. 일체가 투명한 줄기들, 야위어 야위어 쏟아진다. 빗줄기는 현악기를 닮았으나 타악기 기질을 가진 수생식물이다. 꽃을 피우기 위해 비에겐 나비가 아니라 허공을 버리는 순간이 필요한 것. 하얀 꽃무릇 군락지가 있다고 치자. 그게 통째로 뒤집어져 세차게 나부끼는 장르가 폭우다. 두두두두두두 타닥타닥 타닥 끊임없이 현이 끊어지는 소리, 불꽃이 메마른 가지를 거세게 태우는 소리가 거기서 들린다. 낙하의 끝에서 단 한순간 피고 지는 비꽃, 낮게 낮게 낱낱이 소멸하는 비의 꽃잎들.

    그 꽃 한 아름 꺾어 화병에 꽂으려는 습관을
    나는 아직 버리지 못했다.
                                 ―「비꽃」 전문

시인은 폭우를 "허공에서 땅 쪽으로 격렬히 꽃피우는 방식"으로 수용한다. 물론 비의 '뿌리와 이파리'를 본 적이 없으므로 일체가 '투명한 줄기들'을 가진 비다. 주술의 상상력이기에 비는 쉬이 꽃이 되었다. 비꽃이라 재빨리 명명하는 감정의 근저에는 파온의 의식이 있다. 세상의 불평을 끌어안고 시공을 오가는 파온의 감정에는 주술이라는 신성성이 있다. 주술이기에 "낮게 낮게 낱낱이 소멸하는 비의 꽃잎"으로서의 덕목으로 세상을 다독이며 고통을 잠재우려는 심리이기에 파온이 등장하는 것이다. "어느 날 누군가가 갑자기 영원히 잠들더라도/저녁이라는 옷 한 벌은 이미 늘 입고 있어서/금세 어두워지기 쉽다"(「저녁이라는 옷 한 벌」), "높은 둥지에서 분분히 하강하는 피난,/눈이 내린다"(「폭설」)라는 신성의 감정이 또한 그렇다. 그 감정에 근저에는 "어쩌다 내가 먼저 늙어 죽으면/구름은 누가 묻어주나 생각하는 꽃"(「물봉선」)의 근심이 있다.

>
> 푸른 어스름 봄날 저녁입니다
>
> 전생의 입구 수수 많은 빛꽃 아래
>
> 나무와 나무 사이로 당신이 지나가시는군요
>
> 당신은 꽃가지를 당겨 한참 향기를 맡기도 합니다
>
> 내가 아무리 목 놓아 불러도
>
> 당신은 내 목소리를 듣지 못하지만
>
> 나는 당신의 가슴이 각시맷노랑나비 날개처럼
>
> 사운대는 숨결까지 들을 수 있습니다

당신도 무슨 소리를 들은 듯
언뜻언뜻 고개를 두리번거리시는군요
즈믄 해도 훨씬 전, 내가 불러주던 노래가
아스라이 당신의 기억을 흔드는가 싶은데
당신은 무얼 잘못 들은 양 이만치 다가와
그저 혼유석을 쓰다듬어봅니다
다홍갑사봉황무늬 스란치마에 초록명주반비를 입고
내세로 오시던 그날처럼 당신 여전히 곱습니다
귀밑머리에 하늘거리던 칠보 떨새가
아직 내 코를 간질이는 것만 같습니다
시나브로 스며든 이 어둠은 말의 눈동자를 닮아
이제 돌아가시려는지, 내가 당신의 손을 잡고
여기 대숲 너머까지 배웅하는 일도 당신은 모르실 터입니다
그러나, 어느 메별에 우리의 설움이 있으리까
마른 세모래 별혜에 심은 구운 밤 닷 되가 싹을 틔우고
삼천대계 세세만년 후일이어도
당신은 날마다 내 노래의 무릎을 베고
꽃잠 이루십니다
—「미추왕릉」 전문

「미추왕릉」은 전생과 현생의 접변이다. '수수 많은 벚꽃, 각

시맷노랑나비, 즈믄, 혼유석, 다홍갑사봉황무늬, 메별, 마른 세모래 별혜에 심은 구운 밤 닷 되가 싹을 틔우고, 꽃잠'이라는 아름답고 희미한 마음을 구사하는 무덤의 주인이 환생을 거듭한 당신을 만난다. 그 만남에는 기필코, 라는 결심이 필요하다. 나는 당신을 알고 있지만 당신은 나와의 인연을 지금 알지 못한다. 내가 당신을 위한 노래를 부르자 당신은 고개를 갸웃거린다. 당신이 몰라도 내가 당신을 사모하고 당신이 나를 사모한 사실은 바뀌지 않는다. 당신은 타자이자 나이며, 세상이면서 동시에 기억이다. 자웅동체의 감정이 잠시 이별을 수행하는 중이다. 보이는 것만이 사실이 아니고, 만져지는 것민이 진실이 아니다. 사실은 깊고 진실은 유구하다. 그러기에 「미추왕릉」의 전말기는 스스로를 위로하며 시인 자신에게 바치는 헌화가이다. 주술은 보이지 않는 것을 보여주고 만질 수 없는 것을 만지게 한다. 친숙한 주술의 감정이 사윤수에게 오래되고 익숙한 감정처럼 여겨진다는 데 이번 시집 『그리고, 라는 저녁 무렵』의 변곡점이 있다. 주술은 사물과 생각을 실현한다. 그때 사물과 생각은 육체를 획득하면서 또한 서로이기도 하다. 파온 이후의 여성성의 지속이라고도 덧붙이고 싶다.

　『파온』의 환생, 『그리고, 라는 저녁 무렵』의 주술 이후 사윤수가 실천하는 또는 걸어가는 길이 무엇인지 짐작이 가능하지만, 또한 "아직 발견하지 못한 미지,/꽃마리 푸른 꽃잎 다섯 장(「꽃마리」)"의 낯선 감정 이상의 궁금증인 것 또한 분명하다.

이 도서의 국립중앙도서관 출판시도서목록(CIP)은 서지정보유통지원시스템 홈페이지
(http://seoji.nl.go.kr)와 국가자료공동목록시스템(http://www.nl.go.kr/kolisnet)에서
이용하실 수 있습니다.(CIP제어번호: CIP2019042420)

시인동네 시인선 113

그리고, 라는 저녁 무렵

ⓒ사윤수

초판 1쇄 인쇄　2019년 10월 24일
초판 1쇄 발행　2019년 10월 31일
　　지은이　사윤수
　　펴낸이　고영
　책임편집　서윤후
　　디자인　헤이존
　　펴낸곳　문학의전당
　출판등록　제2017-000002호
　　　주소　서울시 마포구 마포대로 11길 91, 3층
　　　전화　02-852-1977　팩스　02-852-1978
　전자우편　sbpoem@naver.com

　　ISBN　979-11-5896-439-9　03810

*이 책의 판권은 지은이와 문학의전당에 있습니다.
*양측의 서면 동의 없는 무단 전재 및 복제를 금합니다.
*잘못 만들어진 책은 바꿔드립니다.
*이 시집은 서울문화재단 '2018년 창작집발간지원사업'의 지원을 받아
　발간되었습니다.